EMMANUEL DES ESSARTS

ŒDIPE A COLONE

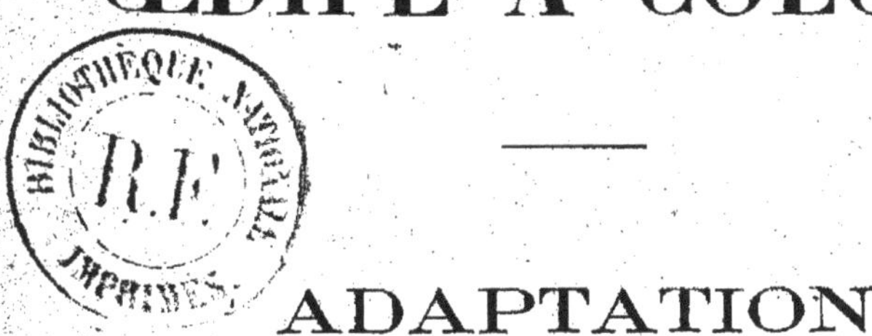

ADAPTATION

CLERMONT-FERRAND
TYPOGRAPHIE ET LITHOGRAPHIE G. MONT-LOUIS
Rue Barbançon, 1 et 2

—

1900

ŒDIPE A COLONE

ADAPTATION

PERSONNAGES

ŒDIPE.
POLYNICE, son fils.
ANTIGONE, } ses filles.
ISMÈNE, }
CRÉON.
THÉSÉE, roi d'Athènes.
UN HABITANT DE COLONE.
LE CHŒUR.

Un sentier dans le bois de Colone.

PREMIÈRE PARTIE

SCÈNE Ire.

ŒDIPE, ANTIGONE.

Œdipe, aveugle, arrive soutenu par le bras d'Antigone.

ŒDIPE.

O du vieillard aveugle enfant infortuné !
Antigone, tu vois ton père condamné
A l'exil, à la vie errante et douloureuse,
Ayant pour seul appui ton âme généreuse,
Subsistant d'indigence et satisfait de peu.
Quel être accueillera sa misère? En quel lieu
Œdipe, appesanti par les maux et par l'âge,
Mais fier, fera-t-il trêve à l'éternel voyage?

Trouve quelque repos à mes membres lassés,
Refuge d'un moment, mais ce n'est pas assez.
Informe-toi, ma fille, et demande où nous sommes.

ANTIGONE.

O mon père, le plus déplorable des hommes!
Des tours apparaissant à l'horizon lointain
Dénoncent une ville, et l'asile certain
Est sacré, comme on peut l'augurer par les signes
Des lauriers abondants et des nombreuses vignes.
De fréquents rossignols y modulent leur chant.
O père! arrête-toi sur ce rocher penchant;
Car la route est bien longue à la marche incessante.

ŒDIPE.

Où sommes-nous?

ANTIGONE.

Non loin d'Athènes florissante.
Pour connaître ce lieu, j'irai plus loin, là-bas,
Si tu le veux; mais non; père! je n'aurai pas
A te laisser; voici la voix que tu réclames,
Et celui qui nous vient doit rassurer nos âmes.

SCÈNE II.

LES MÊMES, UN HABITANT DE COLONE.

ŒDIPE.

Etranger, que m'annonce un guide clairvoyant,
Sois propice au vieillard aveugle et suppliant:
Donne un nom attendu par notre inquiétude.

L'HABITANT.

Avant de satisfaire à ta sollicitude,
Quitte à l'instant ce sol justement vénéré.
Criminel qui le foule!

ŒDIPE.

A quel dieu consacré?

L'HABITANT.

Rebelle à la charrue, au travail de la glèbe,
Les filles de la Terre auguste et de l'Érèbe
L'occupent.

ŒDIPE.

Je voudrais les prier, sous quels noms?

L'HABITANT.

Euménides parmi nos jeunes compagnons :
Ailleurs aux mêmes dieux plaisent d'autres vocables.

ŒDIPE.

Puissent-elles au moins ne pas m'être implacables!
Je ne quitterai point leur séjour respecté.

L'HABITANT.

Et qui te l'a permis?

ŒDIPE.

C'est la Fatalité.

L'HABITANT.

Je n'ose te chasser, sans un ordre unanime
Des miens; mais crains les dieux dont le respect m'anime.
Le sol que ton pied touche est comme un sol d'airain,
D'Athènes qui grandit fondement souverain.
Cette terre voisine et longtemps disputée
Par le dieu Poseidon au titan Prométhée,
Partage ses honneurs entre ces deux rivaux,
Terre de Colonos, dompteur des blancs chevaux.

ŒDIPE.

Dire qui règne ici te sera chose aisée.

L'HABITANT.

C'est l'ami d'Hérakles, l'héroïque Thésée.

ŒDIPE.

Quelqu'un peut-il bientôt me ramener ce roi?

L'HABITANT.

Pour quel profit? Que peut-il attendre de toi,
D'un aveugle?

ŒDIPE.

L'aveugle aux clartés défaillantes
Peut promettre à ton roi des paroles voyantes.

L'HABITANT.

Soit, je pars, étranger, mais ne t'éloigne pas.

SCÈNE III.

ŒDIPE, ANTIGONE.

ANTIGONE.

Il est parti, j'entends fuir l'écho de ses pas.
Te voilà seul, mon père, avec mes yeux pour guides.

ŒDIPE.

Solennel et terrible aspect des Euménides,
O déesses ! soyez favorables, selon
Le rite, au protégé du prophète Apollon.
Apollon, lorsqu'il m'a prédit les maux sans nombre,
Me garantit la fin de mon long hiver sombre,
A l'heure où j'atteindrais dans ce pays fatal
Le terme hospitalier de votre abri natal.
Là je devrais finir la vie aventureuse,
A mes hôtes léguant une mort bienheureuse
Et funeste aux auteurs de mon injuste exil.
« Je te révélerai cette mort, me dit-il,
Par les éclairs de Zeus et l'éclat du tonnerre. »
Ainsi, je le comprends, sous ce bois qu'on vénère,
L'oracle de jadis près de vous m'a conduit.
Ne me rejetez pas dans l'effroi de ma nuit.
Déesses, menez-moi vers la mort secourable.
Pour moi compatissante, Athènes vénérable,
Prends en pitié cette ombre, ô fille d'Athéné !
Car l'aveugle vieillard d'Œdipe prosterné
N'est plus le corps brillant de jeunesse et de gloire,
Mais l'ombre décevante et le spectre illusoire.

ANTIGONE.

Silence. On vient. Ce sont des vieillards du pays,
Prêts à nous épier.

ŒDIPE.

Je me tais. J'obéis
A tes sages conseils. Dans le bois solitaire
Cache-moi ! car il faut écouter et se taire.

SCÈNE IV.

LE CHŒUR, COMPOSÉ DES VIEILLARDS.

LE CHŒUR.

Sacrilège autant qu'impudent,
Où cet homme a-t-il fui? Quelle est donc son audace?
Comment a-t-il franchi le seuil intimidant?
Comment a-t-il changé de face?

D'où vient-il, ce vieillard, vagabond étranger,
Sous les ombres infréquentées,
S'aventurer au bois des vierges indomptées?
Quel autre pouvait y songer?

Près de ce bois muet nous passons en silence,
Lèvres closes, les yeux baissés,
Détournant nos regards, comprimant nos pensers,
Et notre cœur bat et s'élance.

SCÈNE V.

LE CHŒUR, ŒDIPE, ANTIGONE.

ŒDIPE.

Je suis cet étranger.

LE CHŒUR.

Mortel audacieux!

ŒDIPE.

Ah! ne me croyez pas un contempteur des cieux.

LE CHŒUR.

Qu'est-il donc? ô grand Zeus, défenseur adorable!

ŒDIPE.

Un malheureux, bien plus encore un misérable,
Pour qui peut comparer mon sort antérieur.
Souverain fortuné, jamais au temps meilleur
Je ne serais venu vers ce bois taciturne
Avec les yeux d'autrui dans mon horreur nocturne.

LE CHŒUR.

Aveugle, l'étais-tu depuis un temps lointain?
Sans doute, mais tu veux aggraver ton destin;

Car d'un passé douteux responsable ou victime
Tu prétends ajouter le sacrilège au crime.
Quitte ce sentier d'ombre impénétrable au ciel
Où le pieux cratère unit l'onde et le miel,
Et viens plus près pour nous confier ta misère.

ŒDIPE.

Ma fille !

ANTIGONE.

Les fléchir est chose nécessaire.

ŒDIPE.

Prends-moi donc.

ANTIGONE.

Je te tiens.

ŒDIPE.

O vous ! n'accablez pas
L'infortuné.

LE CHŒUR.

Ne crains rien de pareil. Si bas
Que t'ait mis le destin, par son ordre ou ta faute,
Nous ne permettrons point qu'on maltraite notre hôte.
Mais, pour que notre vœu par toi soit exaucé,
Raconte ton histoire et dis-nous ton passé.
Avant de t'accueillir parmi nos assemblées,
Il sied de rassurer nos prudences troublées.

ŒDIPE.

Ne m'interrogez point sur le passé.

LE CHŒUR.

Comment ?
Que dis-tu ?

ŒDIPE.

Ma naissance, horrible événement.

LE CHŒUR.

Parle !

ŒDIPE.

Que puis-je dire, Antigone ?

LE CHŒUR.

Ton père?

ANTIGONE.

Oui, parle! ainsi le veut ta fortune sévère.

ŒDIPE.

Connais-tu de Laïos le sort injurieux?

LE CHŒUR.

Hélas!

ŒDIPE.

Les connais-tu, ces Labdacides?

LE CHŒUR.

Dieux
Immortels!

ŒDIPE.

Connais-tu l'homme aux longues épreuves,
Œdipe?

LE CHŒUR.

Hélas!

ŒDIPE.

Faut-il qu'à ce nom tu t'émeuves?

LE CHŒUR.

Partez!

ŒDIPE.

Et ton accueil que je crus fraternel?

LE CHŒUR.

J'admets le suppliant, mais non le criminel.

ANTIGONE.

O vous! chez qui fleurit un renom de noblesse,
Si vous répudiez cette aveugle vieillesse,
Si pour des faits lointains vous prenez tant d'émoi,
Race de Colonos, ayez pitié de moi,
Et soyons, par égard pour l'enfant sans famille,
Vous comme mes parents, moi comme votre fille.

J'implore pour mon père, et les yeux dans vos yeux,
Au nom de vos foyers, de vos femmes, des dieux.
En vous seuls notre unique espérance réside.
Votre loi décisive à nos destins préside,
Et par moi le malheur confie à l'équité
Un fugitif vaincu de la Fatalité!

LE CHŒUR.

Nul ne peut résister à la main souveraine
Du Destin qui le pousse et du dieu qui l'entraîne.
Notre pitié s'attache à ces maux désolants,
Mais un effroi sacré comprime nos élans.

ŒDIPE.

Ainsi vous laisseriez, à l'égal des fontaines,
S'écouler votre gloire et la gloire d'Athènes.
Gardez-lui la splendeur de l'hospitalité
Et son rayonnement d'indulgente bonté;
Car pour les malheureux son âme est coutumière
D'assistance facile et de douceur première.
Qu'appréhendez-vous donc? ma personne ou mon nom?
Vous ne me pouvez croire un coupable, sinon
Par erreur; car je suis un innocent qu'atterre
D'un acte inconscient le poids involontaire.
J'invoque auprès de vous les dieux justes, les dieux
Qui, toujours attachés au courage pieux,
Refusent leur appui tutélaire à l'impie.
Arbitres souverains des fautes que j'expie,
Ces dieux, ils sont pour moi! je les sens avec moi;
Mais souffrez que je parle à votre chef, au roi!
Ah! faites-le venir; car c'est l'heure opportune
Où je déroulerai toute mon infortune.

LE CHŒUR.

Prends courage, vieillard : Thésée est averti.

ŒDIPE.

De sa prompte venue il tirera parti;
Car je dois procurer aux hôtes que j'espère
Les dons prophétisés d'un avenir prospère.

SCÈNE VI.

LES MÊMES, ISMÈNE.

ANTIGONE.

O Zeus sauveur! quel est ce spectacle imprévu?

ŒDIPE.

Que peux-tu voir, ô sage Antigone?

ANTIGONE.

J'ai vu
Venir au pas pressé d'un cheval de Sicile
Précipitant vers nous sa monture docile,
Une femme que son chapeau thessalien
Protège des ardeurs du soleil : un lien
L'unit à nous. Le sort bienfaisant la ramène
Et je la reconnais : c'est ma sœur, c'est Ismène!

ŒDIPE.

Que dis-tu?

ANTIGONE.

C'est ta fille, Œdipe, c'est ma sœur!

ISMÈNE.

O de mes deux aimés renaissante douceur!
Paternel entretien, parole fraternelle,
Je vous retrouve, après ma tristesse éternelle.

ŒDIPE.

Ma fille, embrasse-moi!

ISMÈNE.

Je vous revois tous deux;
Mais quelle est ta misère et quel aspect hideux!
Pour venir j'ai souffert des fatigues nombreuses
Sous les midis brûlants et les nuits ténébreuses.
Je viens enfin.

ANTIGONE.

Bonheur exquis de se revoir!

ŒDIPE.

Mais où sont-ils, ces fils prompts à me décevoir
Qui devraient assumer la tâche de mes filles ?

ISMÈNE.

Où sont-ils ? La discorde envahit nos familles ;
Elle a fui loin de nous la paix des jours anciens.

ŒDIPE.

Fils indignes, pareils à des Egyptiens
Qui laissent le travail à leurs femmes serviles.
Usurpant le loisir des consciences viles,
Ils cèdent à leurs sœurs au virginal bandeau
Tout le poids du malheur, tout l'anxieux fardeau.
Antigone me suit fidèle et m'accompagne
Depuis longtemps parmi la déserte campagne,
Et dans l'âpre forêt où saignent ses pieds blancs,
Sous les flots pluvieux ses cheveux ruisselants
Pleurent, et sa jeunesse erre mélancolique
Et pauvre pour nourrir un père famélique.
Et toi, ma douce Ismène, égale à cette sœur,
Qui jadis me garda sous l'orage oppresseur,
Viens-tu pour m'annoncer la subite épouvante
D'un mal que pour moi seul la Destinée invente ?

ISMÈNE.

Tes fils avaient d'abord sur un sage conseil,
Songeant à notre opprobre immense et non pareil,
Résolu de subir Créon maître de Thèbes,
Mais l'âpre ambition ressaisit ces éphèbes,
Tous deux voulaient le trône, et, quoique le puîné,
Etéocle accabla son frère consterné.
Des murs de Labdacos il chassa Polynice !
Et celui-ci s'est dit : « Il faut que je m'unisse,
Pour vaincre en ma faveur les destins inégaux,
A l'étranger puissant, aux fiers guerriers d'Argos »,
Et de la creuse Argos il s'est fait une armée !
Ah ! mon récit n'est pas une vaine fumée,
Mais la réalité cruelle et le présent
Pour Thèbes périlleux et pour nous écrasant.

ŒDIPE.

Les dieux seuls nous pourront sauver par des miracles.

ISMÈNE.

Je puis te rapporter les plus récents oracles
Qui font briller, ainsi qu'aux lueurs d'un flambeau,
Les victoires au seuil de ton futur tombeau.
Mort ou vivant, sur toi le triomphe repose.

ŒDIPE.

Me relever vieillard, c'est une étrange chose,
Quand on m'a renversé plein de jeunesse encor.

ISMÈNE.

Tous ont les yeux sur toi comme sur un trésor,
Et Créon, qui jadis ne se montrait pas tendre,
Créon, il doit venir ici pour te reprendre.

ŒDIPE.

Que peut-il espérer d'un homme plein de maux ?

ISMÈNE.

Aux confins du pays de l'antique Cadmos
Il prétend s'assurer ton séjour et ta tombe,
Sachant bien qu'autrement la défaite retombe
Sur l'inique abandon de tes persécuteurs.

ŒDIPE.

Vengeresse équité des dieux compensateurs !
Et mes fils...

ISMÈNE.

Eux aussi savent que la Pythie
A fait de ce tombeau l'unique garantie,
Temple victorieux au jour de l'avenir.

ŒDIPE.

Ah ! puisque mes deux fils ne voudraient revenir
Que pour faire de moi leur belliqueux otage,
Puisse aucun d'eux n'avoir ce triomphe en partage !
Malheur à ces enfants dont l'oubli lâche et vil
Ne sut me retenir aux portes de l'exil !
Venez ! je saurai dire à ces âmes hautaines :
« La victoire avec moi passe aux hommes d'Athènes. »
Si Créon veut me prendre un suprême lambeau,
Je lui refuserai l'honneur de mon tombeau.

LE CHŒUR.

Œdipe, nous t'aimons et tes filles pieuses.
Puisque tu nous promets des saisons glorieuses,
Pour mieux nous confirmer le bien que tu nous veux,
Exauce promptement le plus clair de mes vœux
Et récompense-nous d'un charitable office
En offrant sans retard le juste sacrifice
Aux déesses, et va porter sans dévier
L'onde purifiante et le pâle olivier.

ANTIGONE.

Mon père, allons prier les graves Euménides.

ISMÈNE.

Euménides, soyez douces aux Labdacides !

Œdipe et ses filles s'engagent dans le bois.

SCÈNE VII.

LE CHŒUR.

Un homme règne impérieux
Sur les plaines et sur la ville.
Il voit à ses pieds glorieux
Le peuple librement servile.
Entre sa femme et ses enfants
Chacun de ses jours triomphants
Semble une éclatante merveille ;
Mais des ombres de son passé,
Ainsi qu'un nuage amassé,
Sur lui la Fatalité veille.

L'immuable Fatalité,
La recéleuse de la foudre,
Lance un tonnerre médité.
Sceptre et bandeau, tout est en poudre !
Ce maître des prospérités
Ne voit plus que fronts irrités,
N'entend que parole funeste,
Et le lendemain suborneur
De sa gloire et de son bonheur
C'est le parricide et l'inceste !

Il n'est ici-bas qu'un seul bien,
C'est l'obscurité de la vie,

Le sort de l'humble Athénien
Caché loin, très loin de l'envie;
C'est la paix des bois et des champs
Qu'ignorent les pieds des méchants
Et la guerre qui tourbillonne;
C'est l'oubli du monde agité
Sous ta douce tranquillité,
O fraîche vallée, ô Colone!

SCÈNE VIII.

THÉSÉE, LE CHŒUR, ŒDIPE, ANTIGONE, ISMENE, SUIVANTS DE THÉSÉE.

THÉSÉE.

Fils de Laïos, je viens en ami; car je sais
Le poids de ta misère et tes tourments passés,
Et de ta cécité la sanglante épouvante.
J'éprouve une pitié sincère, et je me vante
D'accueillir d'un grand cœur tes vœux de suppliant,
Car, avant d'être un roi redoutable et brillant,
Je fus autant que toi l'élève des épreuves.
Par les forêts, au bord des mers, le long des fleuves,
J'eus l'éducation sévère de l'exil.
J'ai senti bien des fois le frisson du péril.
Aussi je ne serai jamais un mauvais hôte;
Mais, sensible au malheur, tolérant pour la faute.
Je suis homme d'ailleurs et marche en un chemin,
Œdipe, où nul de nous n'est sûr du lendemain.

ŒDIPE.

Qui je suis, tu le sais, et tu l'as dit, Thésée.
Ta confiance en moi ne peut être abusée.
Ce que je viens t'offrir je le ferai savoir.

THÉSÉE.

Parle.

ŒDIPE.

Ce corps flétri, ce corps hideux à voir,
Le juger sur l'aspect serait chose futile :
Le beau n'existe plus remplacé par l'utile.

THÉSÉE.

Mais quelle utilité de toi peut provenir?

ŒDIPE.

O roi! tu le sauras.

THÉSÉE.

Et quand?

ŒDIPE.

Dans l'avenir,
Lorsque je te devrai la bonne sépulture:
Car vainement mes fils, que l'orgueil dénature,
Viendront pour m'arracher à ce dernier séjour.
L'intérêt n'aura point ce qu'eût ravi l'amour.
Ils voudraient, conjurant la voix du dieu prophète
Qui prédit en ces lieux la thébaine défaite,
Opposer pour rempart à tes Athéniens
Mon corps revendiqué par mes concitoyens.
Ils n'échapperont point aux revanches certaines.

THÉSÉE.

Quel est cet avenir mystérieux d'Athènes?
Alliés des Thébains, nous vivons avec eux
En paix.

ŒDIPE.

Qui peut savoir les hasards belliqueux?
Qui lit dans l'avenir hormis le dieu delphique?
Vainement le présent rayonne magnifique.
L'accord d'hier demain se transforme en combats.
Zeus excepté, tout change et vieillit ici-bas,
L'âge use la vigueur de l'homme et de la terre,
L'ancienne foi devient la traîtrise adultère,
Et parfois, entre amis tout comme entre cités,
La brise est variable et les vents contrastés.
Le temps capricieux dans la vie éphémère
Fait l'amertume douce et la douceur amère.
Vos alliés thébains plus tard que seront-ils?
Un jour viendra, jour d'angoisse et de périls,
Où mon corps, assoupi par la mort endormeuse,
Boira le sang, après la défaite fameuse,
Où mon corps refroidi boira dans ce vallon
Leur sang qui m'est promis par l'arrêt d'Apollon.

THÉSÉE.

Sois donc le bienvenu, précurseur des victoires,
Dans la sécurité d'autels expiatoires

Goûte enfin les douceurs de l'hospitalité.
Le tribut dont par toi mon pays est doté
Vaut bien plus. Mais choisis : te sied-il de me suivre?
Est-ce plutôt ici qu'il te plairait de vivre?
Choisis.

ŒDIPE.

Te suivre, ô roi! ne m'étant point permis,
Je veux rester, pour mieux vaincre mes ennemis,
Au lieu prédestiné, près du bois des déesses.
Laisse-moi donc et sois fidèle à tes promesses;
Car ils viendront bientôt les rudes assaillants.

THÉSÉE, montrant sa suite.

Estimes-tu pour rien l'appui de ces vaillants?
Tu n'as à redouter nulle surprise hostile.

ŒDIPE.

Mais pourtant si j'ai peur...

THÉSÉE.

La peur est infertile :
Elle jette sur nous une morne stupeur.
Et je ne connais point les appels de la peur.
Laisse plutôt ce chœur, à tes maux sympathique,
Te révéler Colone et te vanter l'Attique.

Thésée s'éloigne.

SCÈNE IX.

LE CHŒUR, ŒDIPE, ANTIGONE, ISMÈNE.

LE CHŒUR.

PREMIÈRE STROPHE.

Cet étranger méconnu
Est venu
Dans la riante contrée
Où les chevaux familiers
Par milliers
Mènent leur bande sacrée :

C'est Colone où les ravins
Sont divins,

Où dans les vertes vallées
L'harmonieux rossignol
Sur le sol
Répand ses notes ailées.

Colone, amour des beaux fruits,
Où les buis,
Les feuillages et le lierre
Prêtent aux ébats joyeux
De nos dieux
Leur retraite hospitalière;

Colone où Dionysos,
Loin d'Eros,
Promène ses fiers caprices,
Toujours enlacé des jeux
Orageux
Des Bacchantes ses nourrices.

PREMIÈRE ANTISTROPHE.

Ici, dans toutes les saisons,
Les éternelles floraisons,
Par le soleil favorisées,
Epanouissent leurs pourpris
Sous les baisers toujours épris
Des aériennes rosées.

Ici le narcisse éclatant,
Et que Déméter aime autant
Que les épis de sa couronne,
Et le safran aux rayons d'or
Prennent leur verdoyant essor
Dont Perséphoné s'environne.

Ici, mieux que sur les sommets,
La brise ne se tait jamais
Ainsi qu'une lyre infinie;
Le Céphise aux flots caressants
Jamais n'interrompt les accents
De sa musicale insomnie.

C'est ici qu'aux pentes du bois
Les Muses descendent parfois
Ouvrant leurs suaves calices,
Et l'Aphrodite au frein doré
Se plaît au séjour adoré
De ces frais vallons de délices.

DEUXIÈME STROPHE.

Et c'est ici que sourit
Et fleurit
L'arbre qu'ignore l'Asie,
Et qui des fiers citoyens
Doriens
Suscite la jalousie ;

Celui qu'on doit envier,
L'olivier
Qui patronne la jeunesse,
L'arbre que nous a donné
Athéné,
Pour que toujours il renaisse.

Il ne craint à son beau front
Nul affront
D'aucune main sacrilège ;
Car la Déesse aux yeux verts
Des revers
Le préserve et le protège.

DEUXIÈME ANTISTROPHE.

Il est encore un autre honneur
Qu'a prévu le Destin, donneur
De gloire et de magnificence,
Présent d'un prince florissant
Dont la seule Athènes ressent
Et les bienfaits et la puissance.

Ce don, c'est l'empire marin
Qu'avec son trident souverain
Le roi Poséidon nous désigne ;
C'est le vaisseau maître des flots,
Des promontoires, des îlots,
Avec ses deux ailes de cygne ;

Le navire qui sur la mer,
Aux souffles des vents et de l'air,
S'avance avec des bonds rapides,
Qui jette au rivage son nom
Et dit : « Je suis le compagnon
Des ondoyantes Néréides ».

DEUXIÈME PARTIE

—

Même décor.

SCÈNE Ire.

ŒDIPE, ANTIGONE, ISMÈNE, LE CHOEUR, puis CRÉON.

LE CHŒUR.

Hôte qu'enfin j'espère affranchir du danger,
Je viens pour te servir et pour te protéger.

ANTIGONE, qui s'est un peu éloignée.

O terre de Colone, Attique célébrée !
Pieux amis, voici l'heure où la foi jurée
Va se vérifier par des actes certains ;
Car les dieux ont rouvert le stade des destins.

ŒDIPE.

Quel est donc ce malheur soudain, ce nouveau piège ?

ANTIGONE.

Ce malheur, c'est Créon suivi de son cortège ;
Ce piège, c'est l'abord d'un traître insidieux.

ŒDIPE.

Assistez-moi, vieillards, et toi, force des dieux !

CRÉON.

Généreux habitants, l'émoi que je soupçonne
Est vain ; car mon dessein ne menace personne.
Ne me maudissez pas ainsi dès le début
Sans apprendre mon nom et connaître mon but.
Vieillard comme vous tous, c'est Créon qu'on me nomme.
Je viens sur votre sol pour rechercher cet homme,
Non par mon seul vouloir, mais par l'ordre apparent
De mes concitoyens. Œdipe, cher parent,
Frère chargé de maux, reviens à ta demeure.
Tout le peuple thébain te réclame sur l'heure
Et moi plus que le peuple. Une ardente amitié
Emplit pour toi mon cœur d'abondante pitié ;

Je te vois vagabond, presque sans nourriture,
Traînant, pour mendier ta chétive pâture,
Une vierge, une enfant, ton guide et ton soutien,
Que tu prives du toit de famille et du bien
Suprême, du bonheur d'un royal hyménée,
Ta fille aux ravisseurs par toi prédestinée.
N'est-ce point déshonneur? Sommes-nous pas atteints
Par cette vie errante et ces honteux destins?
Bien qu'on t'ait accueilli d'une allure civile,
Laisse Colone, Œdipe, et regagne ta ville.
Car, si des étrangers ont surpris ton amour,
Tu dois à ton pays la lumière du jour.

ŒDIPE.

Convient-il qu'à ce point, Créon, tu nous abuses,
Homme de tous les dols et de toutes les ruses,
Habile à simuler le juste, et très adroit
A donner même au mal l'apparence du droit,
Pourquoi me tentes-tu? Pourquoi me prendre au piège
Et pourquoi m'accabler quand mon fardeau s'allège?
Lorsque je réclamais l'exil comme un sauveur,
Ah! tu me refusais cette triste faveur,
Me retenant, malgré ma sombre renommée;
Mais tu fus le premier, mon âme étant calmée,
A me précipiter dans l'exil odieux.
Et voilà ce qu'on nomme un parent, justes dieux!
Tu vois qu'à ce séjour mon malheur s'accoutume.
Et tu voudrais, avec ta flatteuse amertume,
Me reprendre! Sied-il d'aimer en dépit d'eux
Les gens? C'est un plaisir pour le moins hasardeux.
Par des bienfaits tardifs tu crois pouvoir me vaincre.
Moi! je te sais un fourbe et je vais t'en convaincre.
Tu veux me ramener, agent de trahison,
Non comme un cher absent dans sa chère maison,
Mais en morne captif fixé sur la frontière
Pour conjurer le choc de la victoire altière.
Cela ne sera pas, Créon : ce qui sera
C'est mon génie hostile et qui persistera
Ici dans l'attitude à jamais vengeresse.
Que m'importent ton règne et ta splendeur traîtresse?
Et, quant à ceux qui seuls pourraient me secourir,
Mes fils auront assez de terre pour mourir!
Puisque ainsi je m'obstine à ne jamais te suivre,
Laisse-nous vivre enfin, Créon, laisse-moi vivre!

CRÉON.

Ah ! tu n'as pas fini de souffrir.

ŒDIPE.

Que dis-tu !

CRÉON.

O vieillard insensé ! tu lasses ma vertu.
Quand je veux te sauver, ta langue me provoque ;
Mais c'est assez languir dans l'attente équivoque.

A sa suite.

Pour punir sa superbe et courber son vouloir,
Qu'il n'ait plus près de lui ses filles dès ce soir.
Ismène est dans vos mains. Qu'Antigone la suive !

ISMÈNE.

Malheureuses !

ANTIGONE.

Ma sœur deviendrait ta captive !
Je serais... Vigilante Athènes, défends-nous !

ISMÈNE.

Hôtes compatissants, j'embrasse vos genoux.

ŒDIPE *au Chœur.*

Amis, protégez-moi ! Chassez de cette terre
L'artisan captieux du crime délétère.

CRÉON.

J'emmène à juste droit les enfants de ma sœur.

LE CHŒUR.

Qu'oses-tu te permettre, inique ravisseur ?

CRÉON.

Et je compte, ô stupide Œdipe, te reprendre
Si le roi ne vient pas lui-même vous défendre !

SCÈNE II.

ŒDIPE, CRÉON, THÉSÉE, LE CHŒUR.

THÉSÉE, entrant sur la scène.

Quelles sont ces clameurs? et d'ou naît cet émoi?
J'offrais un sacrifice. Un grand bruit vient à moi.
J'accours.

ŒDIPE.

Je reconnais la voix libératrice.
Préserve-nous avant que le sort me meurtrisse.

THÉSÉE.

Qu'a-t-on fait?

ŒDIPE.

Ce Créon que tu vois, ce hideux
Imposteur a ravi mes filles.

THÉSÉE.

Lui!

ŒDIPE.

Mes deux
Filles!

THÉSÉE.

Que me dis-tu?

ŒDIPE.

Ma nouvelle souffrance.

THÉSÉE.

Je fais entendre à tous le cri de l'espérance.
Que l'on assemble ici piétons et cavaliers
Et tout le peuple auprès des autels familiers!
Qu'au prochain carrefour on arrête l'escorte
De Créon; et que nul n'ait l'audace assez forte
Pour prendre, en lui volant son appui précieux,
Une seconde fois à l'aveugle ses yeux.
À Créon.
Et toi, si je cédais à ma juste colère,
Je te ferais subir un supplice exemplaire.

Tu ne partiras pas sans nous avoir rendu
Des vierges au cœur pur le rapt inattendu.
Sinon tu resterais captif sur cette terre
Et tu demeurerais notre hôte involontaire.

CRÉON.

Je ne te croyais pas ce zèle pour les miens,
Fils d'Egée, et l'honneur de tes concitoyens
Ne saurait t'émouvoir pour les fils parricides,
Les fils incestueux ; avant que tu décides,
J'invoque sans pâlir le tribunal sacré,
L'Aréopage ! O roi ! devant lui je dirai :
« Ayant reçu l'affront et l'injure en partage,
J'usai de représaille et je pris double otage ».

ŒDIPE.

O menteur impudent ! ô blasphèmes pervers !
Mes forfaits, mon hymen connu de l'univers
Et tous mes attentats commis envers mes proches
Sous l'aiguillon fatal, quoi ! tu me les reproches ?
Tu jettes l'anathème à ce passé lointain,
Et tu sais que je fus l'instrument du Destin
Et jamais l'ouvrier d'un complot volontaire ?
Les dieux m'ont fait payer la dette héréditaire,
Pourquoi ? Je ne le sais et subis attristé
L'accablement divin de la Fatalité ;
Mais j'ai contre Créon et sa force rusée
Athènes pour amie et pour gardien Thésée.

THÉSÉE.

Œdipe, ne crains rien ; car le preneur est pris ;
Et toi, Créon, objet de mon juste mépris,
Suis-moi jusqu'au chemin où de tes deux victimes
Mon aspect va calmer les effrois légitimes ;
Mais pour ce coup d'audace impudemment tenté
J'admire ta folie et ta crédulité.

CRÉON.

Je ne te réponds rien, pris dans mes propres nasses,
Plus tard !...

THÉSÉE.

Plus tard... Créon, je ris de tes menaces.

Thésée et Créon sortent.

SCÈNE III.

ŒDIPE, LE CHŒUR.

LE CHŒUR.

PREMIÈRE STROPHE.

Que ne suis-je en ces lieux où le fier dieu d'airain
 Choque les armes héroïques,
Où le fer vibrera près des autels pythiques
 Dont Apollon est souverain ;

Que ne suis-je emporté vers les sacrés rivages
 Où des torches et des flambeaux
Eclairent d'Eleusis les mystères si beaux
 Qu'abritent de pieux servages,

Séjour de Déméter et de Perséphoné !
 C'est là dans la plaine embrasée
Que pour les vierges sœurs le belliqueux Thésée
 Livre le combat effréné.

PREMIÈRE ANTISTROPHE.

Là, près de la roche neigeuse,
Sur leurs chars et par leurs chevaux,
Ces deux formidables rivaux
Mènent la bataille orageuse.
Mais Créon sera le dompté,
Pour lui la lutte est malaisée
Contre Arès et contre Thésée,
Double terreur de la cité,
Et les victoires sont certaines
Des meilleurs cavaliers d'Athènes,
Lorsque Poseidon tient les rênes
De leur attelage excité.

DEUXIÈME STROPHE.

Sont-ils venus aux mains ou tardent-ils encore ?
 Mais déjà mon esprit devin
Présage que Créon ne poursuivra qu'en vain
 Ces deux sœurs que l'effroi dévore.
Zeus vient. Il hâtera le succès fortuné.
 Que ne puis-je, agile colombe,
D'un vol aérien voir Créon qui succombe
 Et notre prince couronné !

DEUXIÈME ANTISTROPHE.

Zeus dont l'œil embrasse les mondes,
O toi, puissant maître des cieux,
Rends les manœuvres inféconds
De ce Créon fallacieux.
Secondez nos héros sublimes,
Virginale et sainte Athèné,
Toi, mère de Perséphoné,
Vous, Apollon, hôte des cimes,
Et qu'Artémis, reine des bois,
Que suivent d'éclatants abois,
Protège celui dont la voix
Pousse des appels magnanimes.

SCÈNE IV.

ŒDIPE, LE CHŒUR, puis ANTIGONE et ISMÈNE, THÉSÉE.

ŒDIPE.

Dieux d'Attique, soyez miséricordieux.

LE CHŒUR.

Ils sont bien avec nous ces invincibles dieux;
Car j'aperçois déjà tes filles amenées
En long cortège, ainsi que pour les hyménées.

ŒDIPE.

Où sont-elles?

ANTIGONE.

Voici notre royal sauveur.

ISMÈNE.

Ces mains, que je contemple avec pleine ferveur,
Les mains de ce guerrier ont délivré tes filles.

ŒDIPE.

Merci, roi glorieux qui tel qu'un astre brilles;
Mais, avant d'échanger nos mutuels accords,
Souffre de mes enfants que je touche le corps;
Car j'ai peine à les croire encore si prochaines,
Et toi qui les sauvas et fis tomber leurs chaînes,
Permets que je t'embrasse, ô vaillant... Un penser

M'arrête.... Je n'ai pas le droit de t'embrasser.
Hélas! je suis impur, étant souillé d'un crime.
Le contact de ma main est même illégitime.
Je ne puis t'embrasser et je ne puis te voir.

THÉSÉE.

Merci, mais je n'ai fait, vieillard, que mon devoir.
Aux actes courageux l'existence est vouée.
J'ai tenu ma parole et, chassant la nuée
Qui les enveloppait, je les rends de retour
A ta vieillesse, à ton malheur, à ton amour.
Cependant je pressens une alarme nouvelle.
Un de mes serviteurs à l'instant me révèle
Qu'un jeune homme étranger qui se dit ton parent,
Prenant sans hésiter Poséidon pour garant,
Embrasse ses autels, tout blanchi de poussière,
Et mêle en suppliant ton nom à sa prière.

ŒDIPE.

Quel est-il?

THÉSÉE.

Je ne sais.

ŒDIPE.

Je le sais trop, hélas!

THÉSÉE.

Scrute tes souvenirs, par la sainte Pallas!

ŒDIPE.

Je sais trop l'étranger que le Destin me ramène.

THÉSÉE.

Tu connaîtras sa voix.

ŒDIPE.

Sa voix fut inhumaine
Pour un père, et j'entends encore ses défis.

THÉSÉE.

Cherchez cet inconnu.

ŒDIPE.

L'inconnu, c'est mon fils.

THÉSÉE.

Ton fils!

ŒDIPE.

N'éveille pas une douleur ancienne.
Nulle voix ne m'est plus sinistre que la sienne,
Nul entretien ne peut m'être plus odieux.

THÉSÉE.

Ta générosité rendra grâces aux dieux.

ANTIGONE à Œdipe.

O mon père! pardonne à cette adolescente
Qui te rappellera notre alarme récente
Et qui te prie, au nom de notre protecteur,
De celui qui pour nous fut un libérateur,
De laisser t'approcher, ainsi qu'il t'y convie,
Ce fils qui fut jadis une fleur de ta vie.
Ce fils, tu l'engendras. Quoi qu'il fasse aujourd'hui
Contre toi, tu ne peux rien faire contre lui.
Car un père, telle est sa divine nature,
Ne peut rendre le mal au fils qui le torture.
Il est d'autres enfants plus mauvais que le tien
Qu'un accueil indulgent a ramenés au bien.
La parole suffit pour changer l'âme humaine.
Songe à ta triste enfance, ô père! à ce qu'amène
L'abandon! au destin que la dureté fait
Et ne sois pas ingrat pour le royal bienfait.

ŒDIPE.

Antigone, Thésée, à vos vœux j'obtempère,
Mais ne garantis point la clémence d'un père.

ISMÈNE.

Puissent les dieux, chassant le courroux obsesseur,
Mettre en ce cœur saignant un baume de douceur.

Thésée se retire.

SCÈNE V.

LE CHŒUR, ŒDIPE, ANTIGONE, ISMÈNE.

LE CHŒUR.

STROPHE.

Celui qui déclare l'envie
D'une excessive et longue vie,
Moi je le proclame insensé!
Je le réprouve et je le tance;
Que de maux dans une existence!
Que de malheurs dans un passé!
Le remède d'un tel délire
C'est la Moira d'Hadès sans lyre,
Sans chœur de danse et sans flambeau,
La bonne et suprême berceuse,
C'est la Mort, grande guérisseuse :
Le bonheur est dans le tombeau!

ANTISTROPHE.

Naître est mauvais! Mieux vaut ne jamais être né.
Si l'on voit la lumière,
Le sort qui me paraît le moins infortuné,
C'est la prompte poussière.
Et la jeunesse est folle et la maturité
Regorge de tueries.
Vient enfin la vieillesse et sa débilité
Et ses lèvres flétries,
Et les amis s'en vont et l'homme reste seul
En face des murailles,
Enveloppé du sombre et lugubre linceul
Avant ses funérailles.

ÉPODE.

Vieux comme nous, cet homme est le plus malheureux,
Cet homme assailli de tourmentes
Comme la plage aride et les rivages creux
Par les tempêtes écumantes.

Sur lui, comme des flots constamment irrités,
En avalanches taciturnes
Se pressent les malheurs et les calamités,
Flux naturel, ondes nocturnes.

Car Œdipe, expiant la faute d'être âgé,
Quand le sort l'inonde avec rage,
Tourbillonne au hasard, ainsi qu'un naufragé,
Jouet d'un éternel orage.

SCÈNE VI.

LES MÊMES, POLYNICE.

ANTIGONE.

Voici cet étranger, le front chargé d'ennui.
Il vient à nous, versant des pleurs, et c'est bien lui,
Polynice.

ISMÈNE.

Faut-il se réjouir ou craindre?

POLYNICE.

Que faire, hélas! mes sœurs, et quels maux dois-je plaindre?
Les miens ou l'âpre sort de ce père exilé
Que je surprends vieilli, sordide, échevelé,
Et de la faim sans doute incessante victime.
Ces haillons, cette faim, sont peut-être mon crime.
Je ne me défends point, j'invoque pour soutien
La Clémence qui siège au trône olympien.
Zeus lui-même à mon père offre un divin modèle.
Si je suis un ingrat, un enfant infidèle,
Tout peut être effacé par un pardon sacré.
Mais tu ne réponds rien, ô père vénéré!
Rien... Je préférerais ta juste violence
Et ne veux point partir chassé par ton silence.

ANTIGONE.

Expose ta détresse, ô frère infortuné!
Oui, parle, il te sera peut-être pardonné;
Car rien ne fléchit mieux les mauvaises natures
Que le récit plaintif des tristes créatures.

POLYNICE.

Antigone, douceur du vieillard ulcéré,
Chère Pitié, tu l'as voulu, je parlerai.
Mais j'invoque avant tout le dieu qui me protège
Et le roi qu'accompagne un glorieux cortège.

D'un séjour passager tous deux ils m'ont fait don
Et j'atteste Thésée autant que Poseidon.
Entendez-moi, mes sœurs, et toi, prête l'oreille,
Père; car ma disgrâce à la tienne est pareille.
Je suis un fugitif, étant un détrôné.
Attribuant le sceptre à mon titre d'aîné,
Je me croyais le chef, le roi dans notre Thèbe,
Quand, plus noir que l'Hadès, plus sombre que l'Erèbe,
Etéocle, un jeune homme, un être inférieur,
M'a proscrit, moi le plus âgé, moi le meilleur,
Et, sans renom de sage et sans gloire des armes,
A lâchement soumis le pays à ses charmes.

ISMÈNE.

Et quel est donc ce charme étrange et suborneur
Qui du bandeau royal t'a dérobé l'honneur?

POLYNICE.

Les devins me l'ont dit, ma faute fut punie;
Mon remords filial reconnaît l'Erynnie
Qui sur moi s'est penchée et qui m'a châtié.
Mais Etéocle a droit à mon inimitié.
Voici ce que j'ai fait pour mon œuvre de flamme,
J'ai pris comme allié le frère de ma femme,
Adraste, roi d'Argos, et j'ai six compagnons
Redoutables, et dont la Grèce sait les noms;
Car aujourd'hui sept chefs avec leurs sept armées
Couvrent Thèbe en émoi de fer et de fumées.

ANTIGONE.

Et ces chefs, quels sont-ils?

POLYNICE.

C'est d'abord le devin
Amphiaros, que nul ne consultait en vain;
Puis, c'est le fils d'Œneus, l'Etolien Tydée;
Etioclos avec sa lance décidée;
Le fils de Talaos, l'agile Hippomédon;
Capanée, insensible au vulgaire pardon,
Dardant sur les cités sa torche étincelante;
Et ce Parthénopeus qui naquit d'Atalante;
Ton fils enfin... Je suis le septième guerrier.
O courroux paternel! je viens te supplier

De te sacrifier à la clémence utile
Et de me soutenir contre ce frère hostile;
Car les dieux l'ont prédit, la victoire est à toi.
Viens, et ton exil cesse, et je te refais roi.
Pauvres et vagabonds, égaux dans l'infortune,
Captons l'occasion qu'offre l'heure opportune,
Et tu te vengeras et tu triompheras!
Tu seras ma pensée et je serai ton bras!

LE CHŒUR.

Réponds; car notre roi lui-même t'en conjure,
Et remets à plus tard le soin de ton injure

ŒDIPE.

Mon injure est vivante et surgit devant moi.
Comprend-il son forfait, ce fils qui sans émoi
Ose à mon long exil comme à ma solitude
Offrir un front marqué par son ingratitude?
Hier la trahison, le mensonge aujourd'hui!
Car ce n'est pas son frère Etéocle, mais lui
Qui m'a fait ces haillons, ce deuil, cette misère,
Et la mendicité tristement nécessaire.
Que me vient-il parler d'un captieux remords?
Grâce à lui, je n'étais qu'un compagnon des morts.
Et le pain refusé par sa main me décide
A maudire une fois de plus le parricide.
Avant qu'il pût jouir de son crime aguerri,
Mes filles m'ont sauvé, mes filles m'ont nourri,
Et du vieux sol thébain à la terre où nous sommes
Les femmes ont été plus hommes que les hommes!

A Polynice.

Non! tu n'es point mon fils; comme un feu dans la nuit
Un justicier céleste, un dieu vengeur te suit,
Et c'est bien vainement que s'émeuvent tes armes.
Cesse donc de verser tes hypocrites larmes.
Pleure sur toi; vaincus dans le combat pressant,
Les frères ennemis y confondront leur sang,
Manifestant tous deux l'impiété punie!
Oui! j'en prends à témoin l'indomptable Erynnie
Et le brumeux Tartare et l'Arès belliqueux,
Rien n'étant plus impie et plus coupable qu'eux!

Œdipe semble retomber dans son silence.

LE CHŒUR.

Hélas ! car chez les dieux à la grave pensée
La malédiction d'un père est exaucée.

POLYNICE.

O malheureux voyage ! ô triste dénouement !
Généreux alliés, que vous dire ? Comment
Leur porter de ces mots l'amère violence
Et me faut-il courir au désastre en silence ?
Mais vous, en tous mes maux survivantes douceurs,
Vous, filles du vieillard implacable, mes sœurs,
Au moins, si vous avez entendu sa furie,
Epargnez-moi l'horreur de ma gloire meurtrie
Et ne me laissez pas succomber dans l'oubli
Sans le suprême honneur d'un corps enseveli,
Car vous aurez ainsi la louange éternelle
De vertu filiale et d'amour fraternelle.

ANTIGONE.

Polynice chéri, tu seras écouté,
Mais auparavant...

POLYNICE.

Quoi ?

ANTIGONE.

Fais grâce à ta cité !

POLYNICE.

Je ne le puis, j'aurais ma mémoire flétrie.

ISMÈNE.

Quel est le prix pour toi d'égorger la patrie ?

POLYNICE.

Faut-il laisser le trône à ce frère cruel ?

ANTIGONE.

Mais l'oracle prédit un trépas mutuel.

POLYNICE.

Au mortel avenir il n'est point de remède.

ISMÈNE.

Ah! laisse-toi fléchir.

POLYNICE.

Moi! fuir le danger?

ANTIGONE.

Cède,
Ami, cède à ta sœur qui s'attache à tes pas.

POLYNICE.

N'amollis point mon cœur et ne me retiens pas.

ISMÈNE.

Famille infortunée!

POLYNICE.

Epargne-moi ta plainte.
Je saurais, si le sort le veut, mourir sans crainte.

ANTIGONE.

Obéis-moi.

POLYNICE.

Fais trêve aux stériles conseils!
Que je meure en luttant, comme font mes pareils!
Mais j'invoque des dieux les volontés sacrées
Pour vous, ô nobles sœurs qui serez honorées
Par l'unanime encens de la postérité!
Zeus vous doit le bonheur : vous l'avez mérité!

Il sort.

SCÈNE VII.

ŒDIPE, ANTIGONE, ISMÈNE, LE CHŒUR.

LE CHŒUR.

Les dieux ne doivent rien au mortel misérable.
Et je vois du Destin l'arrêt inexorable
Sur le sang de Laïos bien près de s'accomplir.
La coupe de leurs maux finit de se remplir
Du père qui décline au fils qui dégénère.
Mais quel est ce soudain roulement de tonnerre?
L'éther a retenti.

ŒDIPE.

Mes filles, c'est pour moi
Qu'il sied d'aller quérir le magnanime roi.
Je sais à quel parti mon cœur doit se résoudre,
Et les dieux m'ont instruit par la voix de la foudre.

LE CHŒUR.

STROPHE.

Quel est cet imprévu danger?
Le sourd grondement nous révèle
Qu'une calamité nouvelle
Va fondre sur cet étranger.

Il n'est point de décret céleste
Qui n'ait un fatal avenir.
Le temps le voit de loin venir;
La nécessité fait le reste.

ANTISTROPHE.

Le trait de Zeus repasse ailé devant mes yeux;
L'horreur dresse ma chevelure;
L'éclair multiplié traverse la nature,
Ainsi qu'un char sur des essieux.

Je tremble, car toujours revient la lueur sombre :
Que sera le fléau divin?
Car la flamme d'en haut jamais ne tombe en vain
Du ciel aux profondeurs de l'ombre.

ŒDIPE.

Ma fille, c'est la fin et nul n'y peut surseoir.

ANTIGONE.

Qu'en sais-tu, front craintif incliné vers le soir?
Pourquoi t'abandonner aux vaines conjectures?

ŒDIPE.

C'est que je sens la fin de mes longues tortures.
Il est venu le jour suprême de l'exil.
Mais que fait-il ce roi de gloire? Où donc est-il?

ISMÈNE.

Il nous viendra trop tôt, si c'est pour l'infortune.
La vision des maux est toujours importune.

LE CHŒUR.

STROPHE.

Encor l'éclat et la rumeur?
Serait-ce le passé qu'expie
Cet homme qui n'a rien d'impie,
Mais qu'attend l'Hadès endormeur?

Est-ce le séjour des Ténèbres
Et l'appel de Perséphoné?
Le Destin a-t-il déchaîné
Le vol des déesses funèbres?

ANTISTROPHE.

Viens, ô roi désiré, même si Poseidon
Te retient à ses sacrifices!
C'est pour rémunérer tes généreux offices
Qu'Œdipe te réserve un don.

Viens des bois, viens des champs, viens aussi des fontaines;
Viens pour accroître ton pouvoir;
Car l'oracle l'a dit et tu dois recevoir
Le gage triomphant d'Athènes.

SCÈNE VIII.

LES MÊMES, THÉSÉE.

THÉSÉE.

Quelle est cette clameur? et vos signes d'effroi?
Ce rythme du tonnerre impérieux?

ŒDIPE.

O roi,
A qui mon souvenir doucement s'associe!
Le courroux de la foudre est une prophétie.
Je vais mourir et veux échapper au remord
Que mon hôte n'ait point le bienfait de ma mort.
Il faut que cette mort pour toi soit fructueuse:
Ainsi l'a proclamé la loi majestueuse
D'Apollon! Ce présent répond à ton secours.
Ecoute: les éclairs abrègent mon discours.

THÉSÉE.

J'écoute.

ŒDIPE.

Renonçant à toute aide pieuse,
J'irai droit vers la place encore mystérieuse
Qui de toi seul connue aura droit au secret.
Là mon corps obtiendra son refuge discret :
Ce lieu sans nom, après la mort expiatoire,
Pour Athènes sera l'autel de la victoire.
Retiens ce legs voilé, retiens-le tout entier,
Thésée, et ne le dis qu'à ton seul héritier.
Garde le châtiment à l'avenir de Thèbe,
Tandis que d'un pas sûr je descends vers l'Erèbe,
D'un pas religieux par mon âme affermi,
Et laisse mes enfants aux soins de mon ami.
Allons !

ANTIGONE.

Infortuné !

ISMÈNE.

Permets-nous de te suivre.

ŒDIPE.

Je vous le permettais, quand il me fallait vivre,
Vagabond, ballotté des flots : voici le port.
Restez chez les vivants, j'appartiens à la mort.
Ne me conseillez point la désobéissance,
Quand le signal sonore atteste la puissance
Des Immortels... Je viens, ne me retenez pas !
Le bras de Zeus me pousse, Hermès guide mes pas ;
Mes yeux, naguère éteints, sont éclairés de flammes
Et suivent devant moi le conducteur des âmes.
Aux regards d'un mourant se rallume un flambeau ;
Je vois ma délivrance au seuil de mon tombeau ;
Allons ! pour la lumière échangeons mes ténèbres.
Œdipe te salue, espoir des jours funèbres !
Encor merci, Thésée ! O mes filles, adieu !
Et marchons fièrement vers la bonté d'un dieu.

Œdipe s'éloigne, appuyé sur le bras de Thésée. Antigone et Ismène demeurent en des attitudes désolées.

Clermont-Ferrand, imprimerie Mont-Louis, rue Barbançon.

CLERMONT-FERRAND. — TYPOGRAPHIE G. MONT-LOUIS

www.ingramcontent.com/pod-product-compliance
Ingram Content Group UK Ltd.
Pitfield, Milton Keynes, MK11 3LW, UK
UKHW021531260726
13993UKWH00004B/1925

9 782329 606828